AF403888

DESCRIPTION
ET USAGE
DU
PANTOGRAPHE,

AUTREMENT APPELLE' SINGE,

Changé & perfectionné par C. Langlois, Ingénieur du Roi & de l'Académie Royale des Sciences pour les Instrumens de Mathématiques.

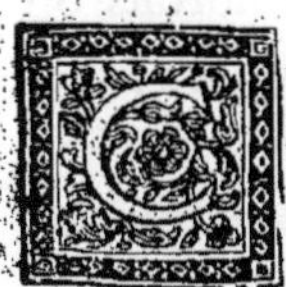ET Instrument est composé de quatre regles, deux grandes & deux petites. Les deux grandes sont jointes ensemble à une de leurs extrémités par une tige qui les traverse, fermée par le haut avec un écrou qui laisse mouvoir ces regles librement. Au bas de cette tige est une roulette excentrique qui pose sur la table. Les deux

A

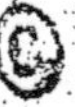

autres regles font attachées vers le milieu de chacune des grandes, & elles font jointes enfemble par l'autre bout; enforte que ces quatre regles forment toujours un parallelograme, en quelque façon que l'on faffe mouvoir l'Inftrument.

Les deux grandes regles, & une des petites, portent chacune une boëte qui fe place & s'arrête à tel endroit que l'on veut defdites regles, par le moyen d'une vis placée au-deffous. Ces boëtes font chacune percées d'un trou cilindrique, dans lequel fe placent alternativement trois chofes; fçavoir, une pointe à calquer, un canon dans lequel fe loge un porte-crayon qui fe hauffe ou fe baiffe de lui-même, fuivant l'inégalité du plan fur lequel on travaille, & enfin un fupport qui fe viffe dans la table, & dont le haut eft en cilindre pour entrer dans une des boëtes : c'eft ce fupport qui fert de point fixe, & autour duquel l'Inftrument tourne quand on deffine. Il y a deux roulettes ambulantes qui fervent à foutenir les regles, & à en faciliter le mouvement. Sur les regles font des divifions marquées par des chiffres, qui indiquent les endroits où il faut placer le bifeau des boëtes, fuivant la réduction que l'on fe propofe.

Cet Inftrument convient, tant aux perfonnes qui deffinent, qu'à celles qui ne fçavent que très-peu de deffein, & les mettra en état de copier promptement, avec grande facilité & exactitude, toutes fortes de Deffeins, foit Figures, Ornemens, Plans, Cartes

3

Géographiques, & autres chofes femblables, pour réduire du grand au petit, ou du petit au grand.

Pour s'en fervir, on attache le Singe deffus une table
par le moyen de fon fupport qui fe viffe dans ladite table. Si l'on fouhaite copier un deffein, enforte que la
copie foit de même grandeur que l'original, on fera
entrer le fupport dans la boëte D, dont on fera convenir le bifeau fur la ligne marquée ½ proche D. Le
crayon fera mis à la boëte B, dont le bifeau fera placé
fur la ligne marquée B de fa regle ; la boëte A avec fa
pointe fera mife fur la ligne marquée C de fa regle.
En mettant un papier blanc deffous le crayon, & l'o-
riginal deffous la boëte A, fi on promene la pointe
deffus tous les principaux traits de cet original, fans
qu'elle le touche, pour éviter de le gâter, le crayon
formera la même chofe, & de même grandeur fur le
papier qui fera pofé deffous. Si l'on vouloit que le
Deffein que l'on fe propofe de copier, fût réduit à la
moitié ; fans changer la pofition des boëtes, on placera le fupport à la boëte B, & le crayon à la boëte D ;
& en faifant comme ci-deffus, la copie fera de moitié
plus petite que l'original.

Si on veut que la copie foit 3, 4, 5, 6, 7 & 8 fois plus
petite que l'original, c'eft-à-dire, que la copie foit à l'o-
riginal comme 1 à 3, à 4, à 5, &c. jufqu'à 8, on mettra la boëte A avec fa pointe fur la ligne marquée C de fa
regle, & l'on fera convenir la boëte B & fon fupport fur
la ligne de la diminution que l'on fe propofe. Si l'on

veut, par exemple, que la copie soit des deux tiers plus
petite que l'original, ou, ce qui eſt la même choſe, ſi l'o-
riginal ayant 1 2 pouces de haut, on veut que la copie
en ait 4, on fera convenir la boëte B avec ſon ſupport
ſur la ligne marquée 3 du côté de B, & la boëte D avec
ſon crayon ſur la ligne marquée 3 du côté de D ; alors
la copie ſera des deux tiers plus petite que l'original, ainſi
qu'on le peut voir dans la deuxiéme figure ; on fera la
même choſe pour réduire juſqu'au huitiéme, en obſer-
vant de faire convenir le biſeau des deux boëtes aux lignes marquées par les chiffres qui déſignent la réduction,
la boëte A avec ſa pointe reſtant toujours ſur la ligne C.

Si on vouloit que la copie fût plus grande que l'original, par exemple, d'un huitiéme, c'eſt-à-dire, ſi l'original ayant 8 pouces de haut, on vouloit que la copie en
eût 9, il faudroit placer le ſupport à la boëte D, & met-
tre le crayon à la boëte A, qui ſera placée ſur la ligne
marquée C, & les boëtes B & D ſeront miſes chacune ſur
la fraction que l'on ſe propoſe : par exemple, ſi c'eſt d'un
huitiéme, la boëte B avec ſa pointe ſera miſe ſur la
ligne marquée $\frac{1}{8}$, & la boëte D ſera miſe auſſi avec ſon
ſupport ſur la ligne marquée $\frac{1}{8}$, & alors la copie ſera
d'un huitiéme plus grande que l'original ; on fera la même choſe pour les autres réductions, ſuivant les lignes
marquées par leur fractions, la boëte A reſtant toujours
ſur la ligne C.

On voit par ce qui vient d'être dit dans l'exemple pré-
cédent, que ſi l'on vouloit que la copie fût plus petite

que l'original, on n'auroit, fuivant l'obfervation faite en parlant de la réduction à moitié , qu'à tranfpofer le crayon & la pointe , mettant l'un à la place de l'autre , fans toucher aux boëtes , & qu'alors la copie fera plus petite , fuivant la fraction où les deux boëtes auront été pofées.

La figure 1re repréfente le Singe , vû géometralement avec toutes fes divifions. La figure 2me repréfente le même Singe , vû fur une table en perfpective , dans la pofition où il doit être pour s'en fervir. Les boëtes A B & D font placées pour réduire l'original au tiers de fa grandeur, ou comme un eft à trois ; ce qui eft la même chofe , comme la figure le fait voir. Le fupport I , qui fe viffe dans la table , eft pofé à la boëte B ; ce fupport eft fixe , mais on peut lui en fubftituer un mobile ; qu'on décrira à la fin de cette Inftruction.

Au-deffus de la figure 2me on a repréfenté féparément les diverfes pieces qui s'appliquent aux regles. Les figures A & B repréfentent les deux boëtes. La figure E eft le calquoir qui fe loge dans la petite virole N. Cette virole porte une petite queue O , qui fert à fixer le calquoir quand on le place à l'une des boëtes, en faifant paffer cette queue fous le reffort qui eft au-deffus de la boëte. La vis qui entre dans la virole N , fert pour arrêter le calquoir à la hauteur que l'on veut.

La figure F eft le canon du porte-crayon , qui eft auffi garni de fa petite queue. La figure G eft le porte-crayon qui doit entrer dans le canon F : il eft garni d'un petit cordonet de foye, qui fert à lever le crayon, pour l'empêcher de toucher le papier, lorfqu'il eft néceffaire de paffer d'un endroit à l'autre; & afin que ce fil foit toujours deffous la main, fi, par exemple, on pofe le crayon à la boëte B, on fera paffer le cordonet dans le trou d'une petite piéce tournante qui eft au-deffus de la jonction S des deux grandes regles, comme on le voit, & qui eft repréfentée féparément à la lettre Q : de-là le cordonet va paffer dans un trou qui eft au haut du calquoir, & enfuite dans une petite fente qui eft au bout de la regle. Mais fi l'on plaçoit le porte-crayon à la boëte D, ainfi qu'il eft repréfenté dans la figure 2me, on feroit paffer d'abord le cordonet dans le petit trou qui eft au-deffus de l'écrou Z, qui joint la regle D à la regle B, & de-là à la jonction S des deux grandes regles, d'où on le conduit, comme ci-deffus, dans la fente qui eft à l'extrêmité de la regle qui porte le calquoir.

Le cordonet eft repréfenté dans la figure 2me, & montre que fa longueur demeure toujours la même dans les différentes difpofitions des boëtes, parce qu'il fuit toujours la direction des regles.

Le godet H qui eft au-deffus du porte-crayon G, fe viffe dans fa partie fupérieure; il fert à rendre le porte-crayon plus pefant, & à le faire appuyer davantage fur le papier lorfqu'il en eft befoin, & cela en le rempliffant de quelque poids, comme feroient de petites bales de plomb.

La roulette L, qui a double chape, x & y, fe place à

la regle B par sa chape inférieure *x*, quand on pose le porte-crayon à la boëte B. Si on le pose à la boëte D, on y place aussi à la regle, la même roulette L, mais par sa chape supérieure *y*.

Dans la description précédente nous avons parlé du support fixe & vissé dans la table, ainsi qu'il est représenté dans la figure 2.me. Mais comme ce support ne peut copier que des sujets de moyenne grandeur, j'ai imaginé un autre support que je nomme ambulant; il est représenté à la figure P. C'est une plaque de plomb assez pesante, pour qu'elle ne puisse être dérangée par le mouvement de l'Instrument. Dans son milieu est vissée une tige K, semblable à la tige I du support fixe. La figure R est une petite rondelle qui sert également pour les deux supports; elle s'enfile à la tige I ou K, quand on place le support à la boëte D. Mais on ôte cette rondelle quand on place le support à la boëte B, parce que celle-ci est moins éloignée du plan de la table. Je donne encore plusieurs rondelles de différentes hauteurs, qui s'enfilent dans ces mêmes supports K & I. Ce sera à la prudence de celui qui travaille de placer les rondelles qui conviendront, pour que l'Instrument soit le plus libre qu'il sera possible.

Avec ce support ambulant on peut copier un Tableau ou Dessein de quelque grandeur qu'il soit; car après avoir arrêté le Tableau sur une table, ou sur un plan quelconque, on posera le support ambulant de façon que l'on puisse copier une partie du Tableau; & quand on aura copié de ce Tableau tout ce que l'Inſtrument en pourra embraſſer, enſuite on avancera le ſupport vers le Tableau: mais auparavant on marquera trois points ſur le Tableau, & autant ſur la copie, qui ſerviront de repairs pour retrouver la poſition du ſupport & de la copie, par rapport à ce qui a déja été fait ſur le Tableau. Quand on aura trouvé la correſpondance des trois points, on arrêtera la copie dans cette ſituation avec un peu de cire molle, & on continuera de copier tout ce que le Singe en pourra encore embraſſer. On fera toujours la même opération, juſqu'à ce que le Tableau ſoit entierement copié.

On voit par-là l'utilité de ce ſupport ou point d'appui, puiſque ſi l'original eſt bien grand, quand ce viendra à la fin, la copie & le point d'appui ou ſupport ſe trouveront ſur le Tableau ; ce qui n'eſt point un inconvénient, puiſqu'ils ne l'endommageront pas. On évite encore, par le moyen de ce ſupport ambulant, la longueur des branches du Singe, qui n'ont que deux pieds & demi ou environ. Une plus grande longueur les rendroit moins juſtes, parce qu'alors il ſeroit impoſſible d'éviter la fléxibilité des regles.

Nota. Comme il arrive ſouvent que la grandeur de la copie que l'on veut faire, n'eſt pas une partie aliquote de l'original, & qu'en ce cas les diviſions marquées ſur les regles deviennent inutiles, il faut alors chercher un moyen de s'en paſſer, & de placer le crayon, la pointe & le ſupport dans une poſition qui donne

le

le rapport que l'on demande entre l'original & la copie.

Il faut obferver d'abord que le principe fondamental duquel dépend toute la juftefle de l'opération du Singe, eft que le fupport, le crayon & le calquoir ou la pointe, foient toujours en ligne droite : lorfqu'ils y feront, la copie repréfentera toujours fidélement l'original. Voici par quelle pratique on s'aflurera que ces trois points font dans une même ligne droite.

On prendra un fil double, duquel les deux brins embrafleront la tige du fupport, & y demeureront arrêtés, comme on le voit aux petites figures 1. 2. & 3.

On conduira ces deux mêmes fils au porte-crayon, & de-là au calquoir, mais de façon que la tige du crayon & celle du calquoir paffent entre les deux fils. On arrêtera les deux fils, en les tenant fixes avec la main, à la tige du calquoir marqué 3 ; & alors, fi les trois points ne font pas en ligne droite, ce fera la piéce qui fera à la boëte D, qui eft marquée dans la figure par le chiffre 2, qui fera faire coude à ce fil. Il faudra donc faire couler cette boëte de côtés ou d'autres, jufqu'à ce que ces fils foient exactement paralleles. Alors ces deux fils toucheront ces trois cylindres, comme on le voit aux petites figures 1. 2. & 3.

En obfervant ce principe pour la pofition des trois boëtes qui portent le fupport, le porte-crayon & le calquoir : fi, par exemple, on donnoit un Tableau ou

Deſſein quelconque à réduire ſur une grandeur , & que cette grandeur ne fût ni le tiers , le quart , le cinquié-me , &c. de l'original , voici comme on opérera.

On examinera d'abord ſi cette grandeur donnée eſt plus petite ou plus grande que la moitié de l'original.

Si elle eſt plus petite , dans ce cas on placera tou-jours le ſupport à la boëte B , le crayon à la boëte D , & le calquoir reſtera toujours à la boëte A ; & on fera convenir le ſupport , le porte-crayon & le calquoir en ligne droite , ſuivant la métode expliquée ci-deſſus : après quoi on fera parcourir la pointe à calquer A ſur toute la longueur ou largeur de l'original , & cela en ligne droite ; & on examinera ſi le chemin parcouru par le porte-crayon , s'accorde avec la grandeur don-née.

Si cela n'eſt pas , & que cette grandeur parcourue par le crayon , ſoit plus petite que la grandeur don-née , en ce cas on approchera la boëte B vers la ligne B de ſa regle , & la boëte D vers D de ſa regle.

Si , au contraire , cette grandeur parcourue par le crayon , eſt plus grande que la grandeur donnée , on ap-prochera les deux boëtes B & D vers la jonction Z des regles B & D ; & , en tatonnant , on parviendra à trou-ver la grandeur donnée.

On voit que par cette métode on peut copier un Deſ-ſein ſur quelque grandeur que l'on voudra , ſans avoir égard aux diviſions qui ſont ſur les regles.

Si la grandeur donnée eſt plus grande que la moitié de l'original, pourlors on placera toujours le support à la boëte D, & le crayon à la boëte B.

Si le Tableau que l'on veut réduire est trop grand, & que l'Instrument ne puisse l'embrasser, on peut prendre le tiers, le quart, &c. de cet original, en prenant aussi le tiers, le quart, &c. de la grandeur donnée; & faisant comme ci-dessus, on parviendra à une opération exacte pour la réduction.

Le Sieur Langlois a présenté cet Instrument à l'Académie Royale des Sciences, qui lui en a donné l'approbation, dont la copie est ci-jointe.

Extrait des Regiſtres de l'Académie Royale des Sciences du vingtiéme Décembre 1743.

Messieurs Nicole & de Montigny ayant examiné, par ordre de l'Académie, un Pantographe changé & perfectionné par le Sieur Langlois, Ingénieur du Roi & de l'Académie des Sciences pour les Instrumens de Mathématiques, & en ayant fait leur rapport, l'Académie a jugé que les changemens & corrections du Sieur Langlois étoient utiles, & rendoient cet Instrument aussi commode qu'il peut l'être, pour copier & réduire en grand ou en petit toutes sortes de Figures, Plans, Cartes, Ornemens, &c. avec beaucoup de précision & de promptitude : en foi de quoi j'ai signé le présent Certificat. A Paris, ce vingt-deuxiéme Décembre 1743.

B ij

Signé, DORTOUS DE MAIRAN, Sécrétaire perpétuel de l'Académie Royale des Sciences.

L'Auteur demeure aux Galeries du Louvre.

LISTE DES INSTRUMENS
qui se vendent chez LANGLOIS.

SÇAVOIR, Quarts de cercle pour l'Astronomie dans leur derniere perfection. Il en a fait plusieurs pour l'Observatoire Royal de Paris, & pour plusieurs Messieurs de l'Académie Royale des Sciences ; demi-Cercles & Cercles entiers, divisés par degrés & par minutes, avec des Lunettes d'approche, & sans Lunettes avec des pinulles ; Planchettes rondes avec des Lunettes ; la Lunette de l'Alidade mobile sur son axe pour pouvoir plonger dans les bas, ou élever pour voir le sommet d'une montagne, la planchette restant toujours horizontale ; Equerre d'Arpenteur divisée ou non divisée ; Compas de proportion depuis trois pouces de long jusqu'à un pied ; Toise brisée & non brisée ; Piquêts & Chaînes de toutes longueurs ; Pieds & Mesures antiques & étrangeres ; toutes sortes de Cadrans au Soleil ; Cadrans universels & portatifs à quatre & à huit pans, avec leur Boussole ; Cadrans équinoxiaux ; Cadrans astronomiques dans des étuis de chagrin ; Cadrans horizontaux qui marquent l'heure sans éguille aimantée ; Cadrans pour les jardins & les fenêtres ; Cadrans pour les Etoiles

& la Lune ; Cadrans d'yvoire ; toutes fortes de Bouffol-
les & Déclinatoires ; toutes fortes de Niveaux ; Niveaux
d'eau ; Niveaux d'air ; Niveaux fufpendus à une & à
deux lunettes qui portent leurs épreuves à une feule fta-
tion, & plufieurs autres Niveaux ; Niveaux pour placer les Cadrans au Soleil ; Pendules & Billard ; Pied de
Roi qui fait l'équerre, la regle & le niveau ; toutes fortes de Compas ; Compas qui changent de pointes ; Compas de divifion ; Compas à quart de cercle ; Compas à
pointe tranchante ; Compas à pointe courbe ; Compas
de réduction fimple ; Compas de réduction avec le cen-
tre mobile ; Compas d'épaiffeur par les deux bouts; Compas à trois branches ; Compas à verge ; Compas à faire
des ovales ; Compas à reffort ; Compas pour les Cartes
Géographiques ; Compas dans les porte-crayons fim-
ples & fervant de Compas de proportion ; Compas courbe, & Regle divifée pour l'Artillerie ; Quart de cercle
brifé & non brifé, pour pointer les mortiers & canons;
Porte-crayons & tirelignes de toutes fortes de façons ;
Plumes fans fin, & plumes de métal à écrire ; Cornets à
encre pour la poche, qui confervent l'encre dans fa bon-
té, & l'empêchent de fécher ; Porte-aiguilles à piquer les
plans, & Pointes à calquer ; Equerre brifée & non brifée ;
Equerre de bois & d'ébenne ; toutes fortes de Regles de
laiton, de bois & d'ébene, divifées & non divifées ; Regle
parallele ; Réfipiangle ou fauffe Equerre de plufieurs
façons ; Raporteurs avec alidade & fans alidade ; Raporteurs de corne ; Pedometre pour mefurer les che-

mins, en les portant à la ceinture ; toutes sortes de Globes & de Spheres ; Planispheres ; Astrolabes ; Genoux pour placer les Lunettes d'approche ; Eolipilles, ou Boules à souffler le feu ; Pinces pour tenir le papier ; Roulette pour ponctuer ; Encre de la Chine ; Pierre d'aimant armée & non armée, &c.

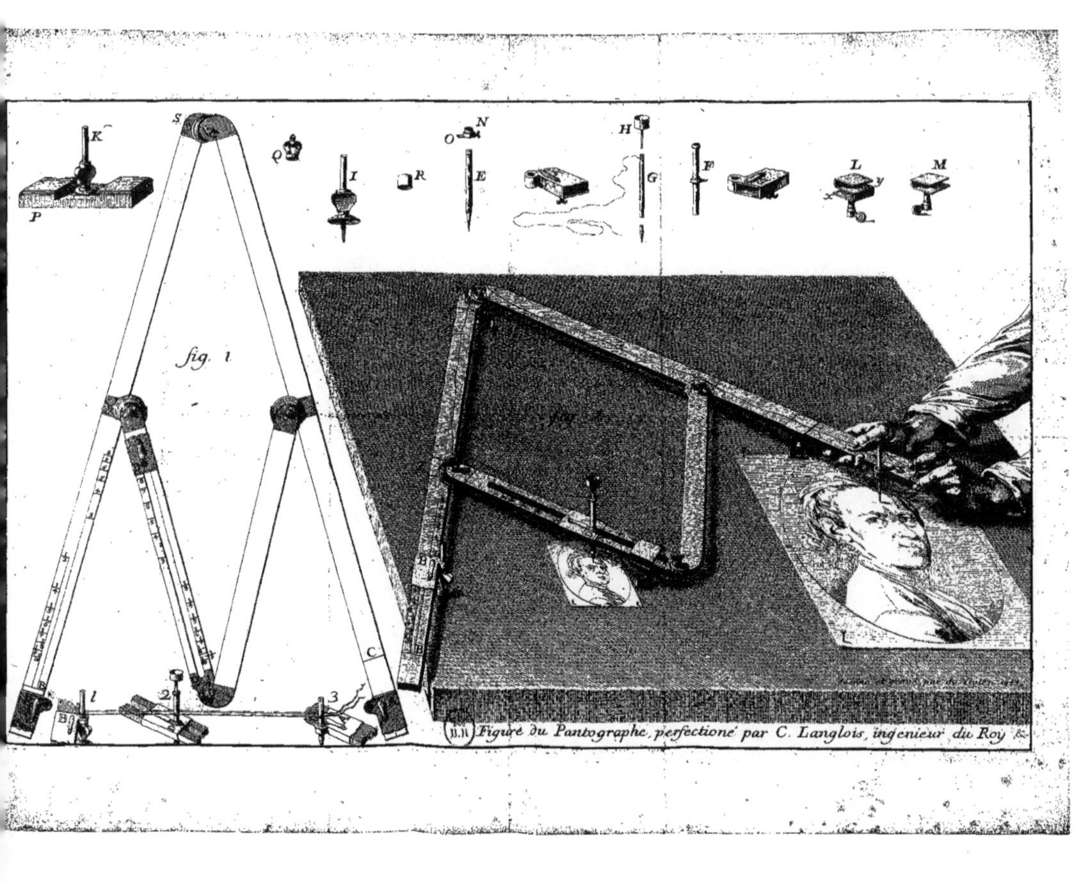

Figure du Pantographe, perfectioné par C. Langlois, ingenieur du Roy &c.